I0810959

El quokka

Grace Hansen

Abdo Kids
ANIMALES DE AUSTRALIA
Abdo Kids Jumbo es una subdivisión de Abdo Kids
abdobooks.com

abdobooks.com

Published by Abdo Kids, a division of ABDO, P.O. Box 398166, Minneapolis, Minnesota 55439.
Copyright © 2020 by Abdo Consulting Group, Inc. International copyrights reserved in all countries. No part of this book may be reproduced in any form without written permission from the publisher.
Abdo Kids Jumbo™ is a trademark and logo of Abdo Kids.

Printed in the United States of America, North Mankato, Minnesota.

102019

012020

THIS BOOK CONTAINS RECYCLED MATERIALS

Spanish Translator: Maria Puchol

Photo Credits: Alamy, iStock, Shutterstock

Production Contributors: Teddy Borth, Jennie Forsberg, Grace Hansen
Design Contributors: Dorothy Toth, Pakou Moua

Library of Congress Control Number: 2019943934

Publisher's Cataloging-in-Publication Data

Names: Hansen, Grace, author.

Title: El quokka/ by Grace Hansen

Other title: Quokka. Spanish

Description: Minneapolis, Minnesota : Abdo Kids, 2020. | Series: Animales de Australia

Identifiers: ISBN 9781098200855 (lib.bdg.) | ISBN 9781098201838 (ebook)

Subjects: LCSH: Quokka--Juvenile literature. | Short-tailed wallaby--Juvenile literature. | Marsupials--Juvenile literature. | Animals--Australia--Juvenile literature. | Spanish language materials--Juvenile literature.

Classification: DDC 599.2--dc23

Contenido

Los quokka

Los quokka son **nativos** de una pequeña zona del suroeste de Australia. También viven en la isla de Rottnest.

¡Este pequeño **marsupial** es tan **singular** como su nombre! Su cola es corta comparada con la de otros marsupiales. Llega a medir entre 9.8 y 11.8 pulgadas (25-30 cm) de largo.

Los quokka tienen el cuerpo pequeño y redondeado. Las orejas también son pequeñas y redondas. El **hocico** termina en una nariz negra.

Los quokka no parecen muy veloces, pero sus cortas patas y grandes pies les permiten moverse rápidamente y con facilidad.

El pelo de los quokka es **áspero** al tacto. Normalmente es de color café o gris.

Los quokka tienen garras afiladas. Pueden usar sus garras para protegerse.

Alimentación

Los quokka duermen durante el día. Por la noche buscan comida. Comen hierbas, hojas, frutas y bayas.

Crías de los quokka

Los quokka viven en pequeños grupos familiares. Las **hembras** tienen una **cría** a la vez. La cría es muy pequeña al nacer.

La **cría** se mete en la bolsa de la madre hasta que tiene unos 6 meses. Después, ¡ya está fuerte y grande para salir al mundo!

Más datos

- Los quokka son adorables con sus grandes ojos y sonrisas. Pero son animales salvajes, si te acercas demasiado podrías salir con una mordedura o un arañazo.

- Los quokka no necesitan beber mucha agua. Obtienen la mayoría del agua que necesitan de las plantas que comen.

- Hace muchos años, un viajero holandés creyó que el quokka era una rata grande. Por eso la isla en la que viven se llama Rottnest, que en holandés significa “nido de ratas”.

Glosario

áspero – que tiene una textura rugosa.

cría – bebé de animal.

hembra – animal que puede producir huevos o tener crías.

hocico – parte frontal que sobresale de la cabeza de un animal. Incluye la nariz, boca y mandíbula.

marsupial – animal que pertenece a un grupo de mamíferos que incluye los canguros y las comadrejas. Las hembras tienen una bolsa fuera de su vientre donde llevan a las crías después de nacer.

nativo – planta o animal que se encuentra naturalmente en un lugar especifico.

singular – único de su tipo.

Índice

Abdo Kids
ONLINE
FREE! ONLINE MULTIMEDIA RESOURCES

¡Visita nuestra página **abdokids.com** para tener acceso a juegos, manualidades, videos y mucho más!

Usa este código Abdo Kids

AQK5465

¡o escanea este código QR!